DK 总编辑麦考夫写给中国读者的话

This beautiful book is the result of an innovative collaboration between Du Fei, one of China's most talented and imaginative illustrators, and DK, the world's leading illustrated reference book publisher. In its 32 exquisitely detailed pages, Du Fei skillfully interweaves the story of the Grand Canal with the history of China itself, touching on the great themes of war and trade, culture and entertainment, natural disasters and extraordinary people. Its gloriously colourful images bring the past vividly to life, from workers digging the first channels 2,500 years ago to the sightseeing boats now plying the waters of ultra-modern Tianjin. Fascinating facts and exciting anecdotes accompany each panoramic illustration, transforming every page into a treasure trove of discovery and delight.

DK is honoured to be associated with Chinese artist Du Fei's incredible work for the first time, and proud to be bringing a deeper understanding of Chinese history and culture to the children of the world.

DK 穿越时空的中国

穿越时空的大运河

沿世界上最古老的运河探险，开启穿越中国2500年历史的奇妙之旅

绘画 杜飞

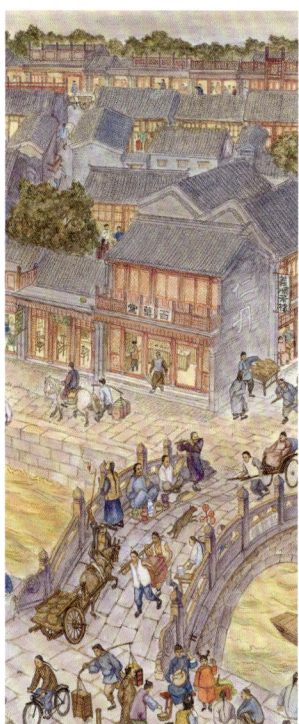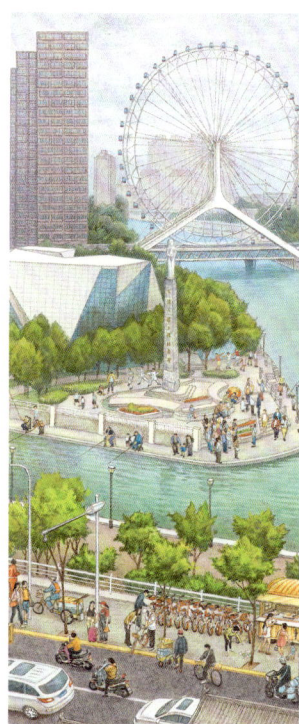

中国大百科全书出版社

DK | Penguin Random House

Original Title: China Through Time
Copyright © Dorling Kindersley Limited, 2019
A Penguin Random House Company

北京市版权登记号：图字 01-2019-6130

图书在版编目（CIP）数据

穿越时空的大运河 / 英国 DK 公司编著；田祎译 .--
北京：中国大百科全书出版社，2020.1
（DK 穿越时空的中国）
书名原文：China Through Time
ISBN 978-7-5202-0640-2

Ⅰ.①穿… Ⅱ.①英… ②田… Ⅲ.①大运河－中国
－儿童读物 Ⅳ.① K928.42-49

中国版本图书馆 CIP 数据核字（2019）第 259943 号

绘　画：杜飞
译　者：田祎

策 划 人：杨振
故事脚本：王江山
责任编辑：应世澄
封面设计：鲍瑶

DK 穿越时空的中国——穿越时空的大运河
中国大百科全书出版社出版发行
（北京阜成门北大街 17 号　邮编 100037）
http://www.ecph.com.cn
新华书店经销
当纳利（广东）印务有限公司
开本：889 毫米 ×1194 毫米 1/8 印张：4
2020 年 1 月第 1 版 2022 年 1 月第 6 次印刷
ISBN 978-7-5202-0640-2
定价：78.00 元

For the curious
www.dk.com

FSC
混合产品
源自负责任的
森林资源的纸张
FSC® C018179

目录

2–3
大运河的故事
时空旅行的小猫

4–5
开凿运河

6–7
水上宫殿

8–9
物资争夺战

10–11
陈桥兵变

12–13
人间天堂

14–15
枫桥月夜

16–17
运河危机

18–19
水上屋脊

20–21
征税关卡

22–23
现代大都市

24–25
发光航标

26–27
繁忙的码头

28–29
交通要冲

30–31
运河落幕

32
穿越时空小游戏
词汇表
索引

大运河的故事

在大约2500年前的古代中国，吴国的国君夫差想到了一个好主意：如果将淮河与长江连通，那他就可以快速运送军队和粮草北上，投入与敌国的战斗。于是，他下令开凿运河。大运河由此而生，并在后来成为世界上最伟大的人工奇迹之一。

在随后的1000年中，不同的河流与大运河连成了一条四通八达的水道。粮食和其他物资经大运河从富庶的南方运送到位于北方的都城。大运河沿岸地区的贸易逐

时空旅行的小猫

来和这只淘气的小猫打个招呼吧！它的名字叫绣虎，喜欢睡觉、抓老鼠，还经常惹麻烦。但它却拥有一种神奇的力量，那就是穿越时空！追着绣虎的脚步，来一次穿越时空的旅行吧！绣虎会藏在每一幅跨页图画中，等待你去找到它，可别让它逃跑啦！你可以在第 32 页找到答案。

渐繁荣起来，城市开始发展，中国进入了黄金时代。但人们的生活并不总是一帆风顺，洪水和战争带来了灾难和困苦，大运河的命运也因此几经沉浮。后来，新式交通工具的出现和普及取代了漕运的功能，大运河失去了往日的辉煌。到了现代，人们修缮河道，重建灯塔，大运河又恢复了活力。它是世界上最长、最古老的运河。

　　我们将跟随生活在大运河沿岸的人们，一起体验大运河悲喜交加的生命历程。你会在这里见到令人叹为观止的船队、开合自如的浮桥、繁忙的码头和宏伟的水利工程。你会遇见帝王和士兵、商人和神秘的旅行者，还会遇见像你一样的孩子们。你还会了解从古至今人们的穿着、饮食及他们一天的生活。让我们一起来探索这个伟大的古代奇迹吧！

注：为便于儿童理解，书中地名统一采用今地名。

通州，1450年，1550年，1600年
第24-29页

北京，1910年
第30-31页

天津，2020年
第22-23页

临清，1600年
第20-21页

浚县，618年
第8-9页

黄河

南旺，1420年
第18-19页

洛阳，605年
第6-7页

陈桥，960年
第10-11页

淮安，1689年
第16-17页

淮河

扬州，公元前486年
第4-5页

苏州，760年
第14-15页

长江

杭州，1185年
第12-13页

吴王夫差手持青铜剑，沉迷在称霸的梦想中。

太宰伯嚭在向夫差描绘进取中原的路线，等到运河开通，才能运兵北上。

牙旗

军营

打夯

掌扇

吴王夫差

西施

侍女

盂

军队

伯嚭

伍子胥

甜瓜

卫兵

帐篷

4

西施居中国古代四大美女之首，越国派她用"美人计"来迷惑吴王夫差。天气炎热，她正在吃甜瓜消暑。

挑担的民夫十分辛苦，他们负责把挖出来的土石运走。

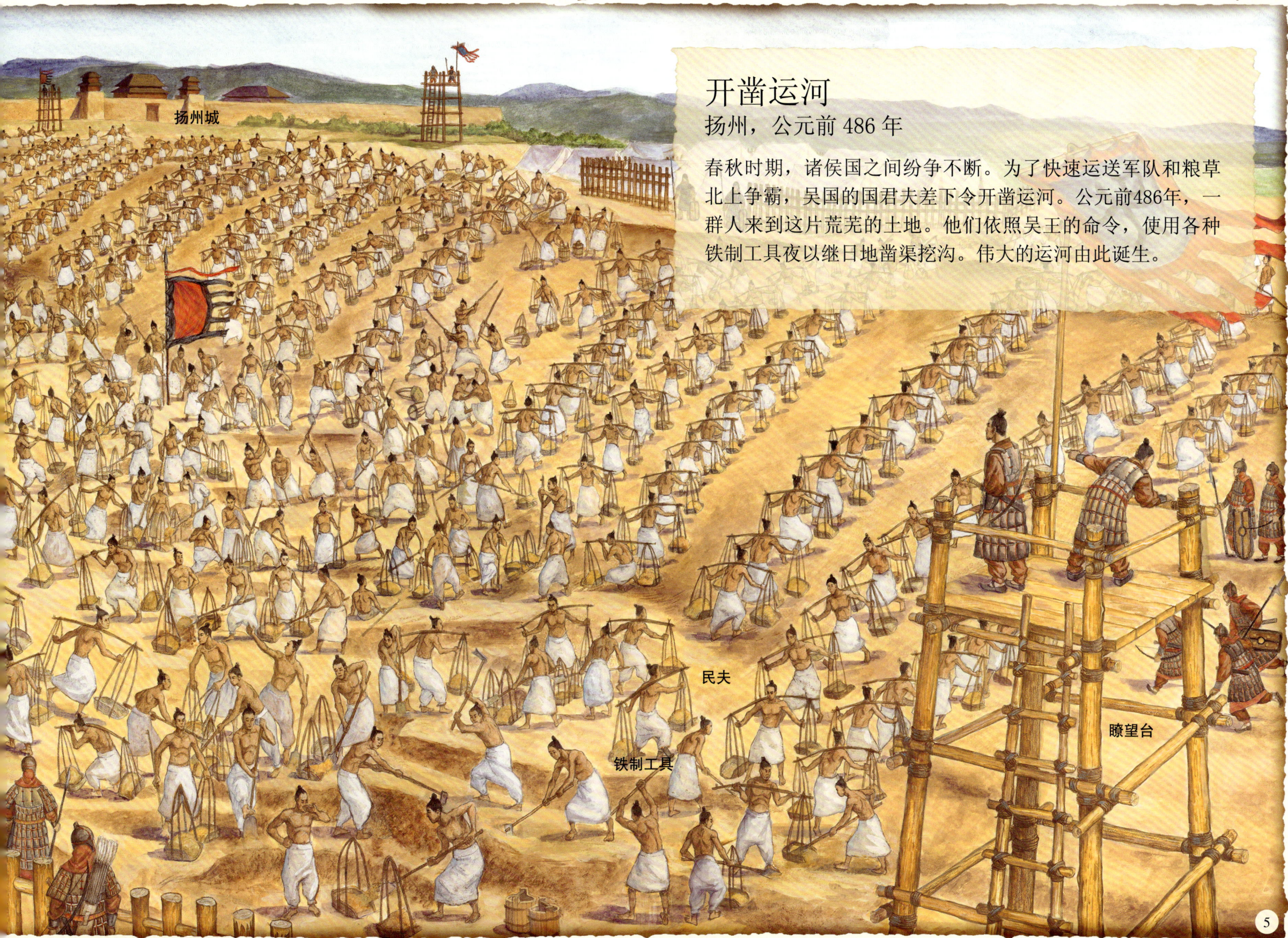

扬州城

开凿运河
扬州，公元前 486 年

春秋时期，诸侯国之间纷争不断。为了快速运送军队和粮草北上争霸，吴国的国君夫差下令开凿运河。公元前486年，一群人来到这片荒芜的土地。他们依照吴王的命令，使用各种铁制工具夜以继日地凿渠挖沟。伟大的运河由此诞生。

民夫

铁制工具

瞭望台

持戟卫兵守卫着国君的营帐。

数数看，一共有几座瞭望台？

5

一支盛装的仪仗队在两岸护卫行进，旌旗蔽日。

挽船的纤夫给硕大的龙舟提供了前进的动力。高系于船桅顶部的纤绳，可以避开障碍物。

浮景船

五牙战船

献食

仪仗队

纤夫

护卫船

龙舟所过之地的官员和民众必须贡献食物。为了巴结皇帝，各郡县官员所献食物都是山珍海味。

供卫兵乘坐的护卫船，由桨手划行。

水上宫殿
洛阳，605 年

隋朝拥有辽阔的疆域。为了方便南北交通，隋炀帝调动百余万民夫，疏浚历朝历代留下的河道，开凿新运河。串联起来的河道成为贯通南北的交通大动脉。605年，隋炀帝从洛阳出发，乘坐龙舟南下巡视。龙舟上有四层建筑，像一座浮在水上的宫殿。对洛阳民众来说，如此恢弘的景象令他们叹为观止。

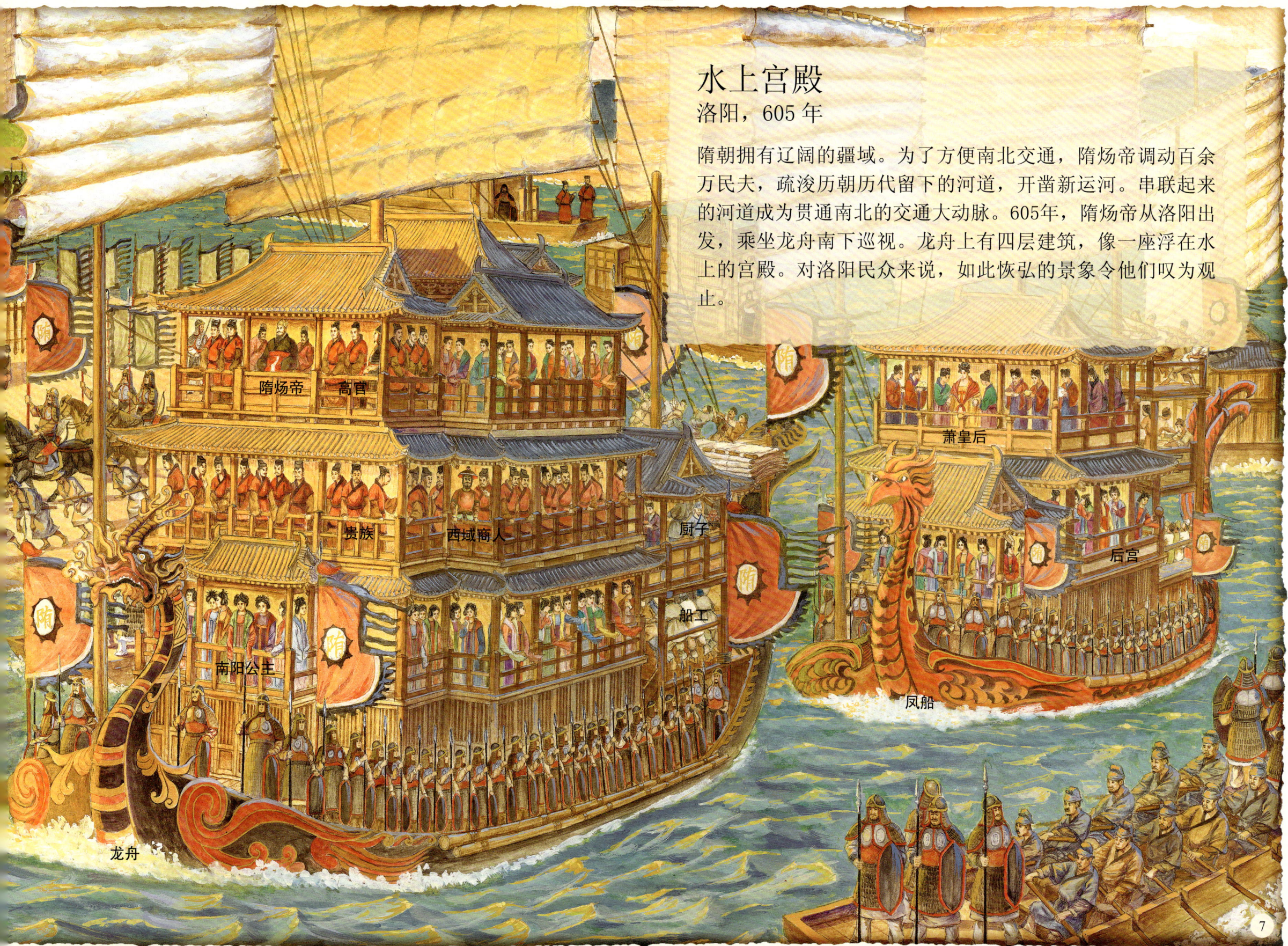

隋炀帝　高官

贵族　西域商人

厨子

船工

南阳公主

龙舟

萧皇后

后宫

凤船

凤是中国古代传说中的神鸟，象征祥瑞。

数一数，每艘护卫船上有几名桨手？

物资争夺战
浚县，618 年

隋炀帝被反叛将领杀死，国家随即陷入混乱，群雄割据。叛军北上夺取洛阳途中，粮草耗尽，于是便包围了大运河上的巨大粮仓——黎阳仓。黎阳仓此时正被农民起义军瓦岗军占领。为了掌握粮仓的控制权，攻守双方损失惨重。此后不久，唐朝军队统一了中国。

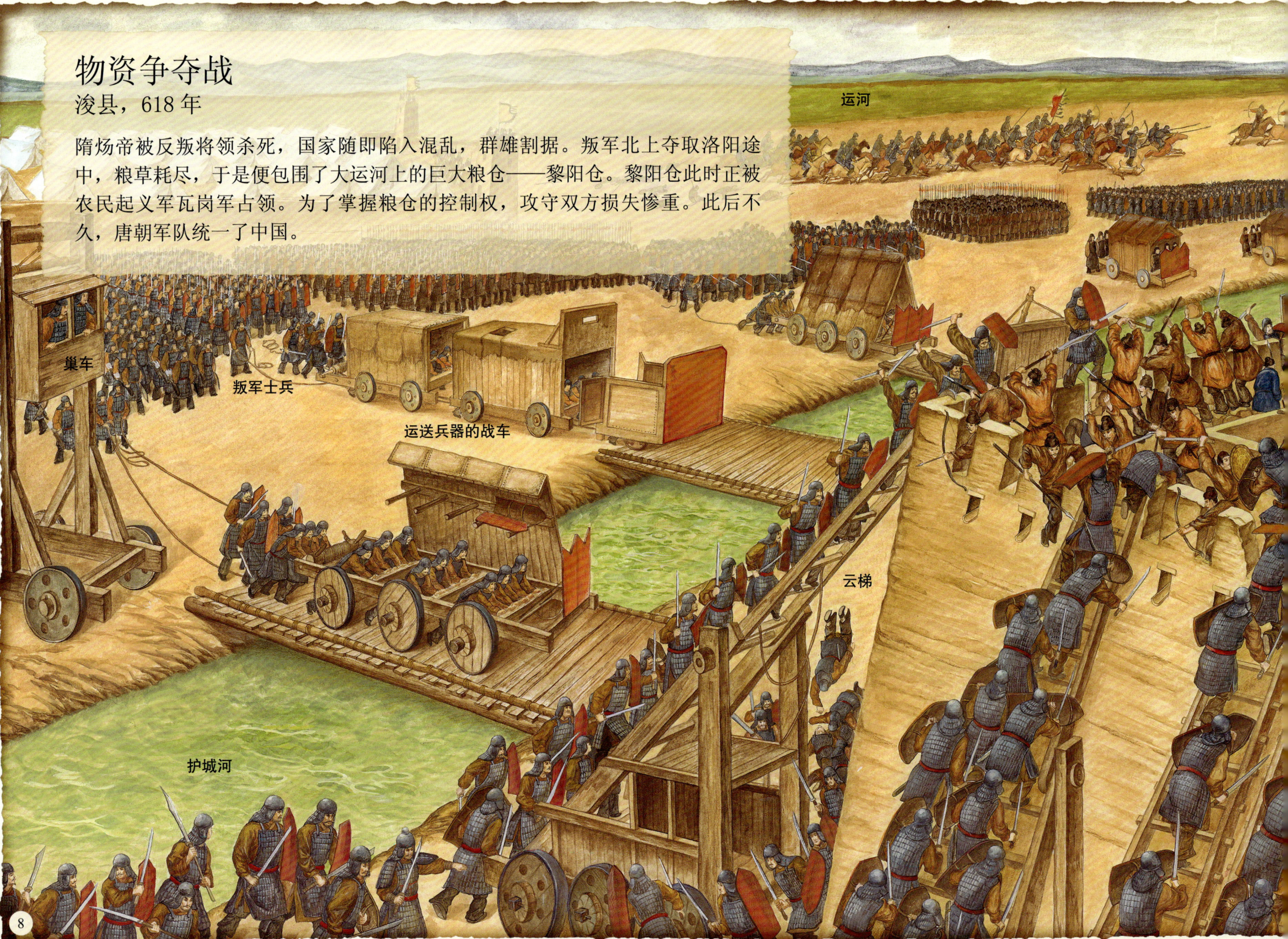

运河

巢车

叛军士兵

运送兵器的战车

云梯

护城河

你能找到手持养头守卫粮仓的瓦岗军士兵吗？

8

叛军将士穿戴的盔甲经过抛光后呈现出明亮的蓝黑色光泽。

守军正在向敌军投掷石块。

守卫烽火台的瓦岗军士兵燃起烽火，请求增援。

仓窖内部呈圆形，口大底小，大小不一，最常见的口径为10米左右。

瓦岗军军营

烽火台

瓦岗军士兵

仓窖

草拌泥围墙

中柱

壁板

城墙

壁面苇席

地面苇席

底板

狼牙拍

工兵

9

狼牙拍上布满15厘米长的铁刺，从城墙上将其投下，可杀伤攀登城墙的敌军士兵。

瓦岗军工兵用铁锹挖地道，试图直抵敌方军营，进行偷袭。

陈桥兵变
陈桥，960 年

960年初，在开封城北郊的陈桥驿发生兵变。将士把黄袍披在赵匡胤身上，拥立他为皇帝。随后，赵匡胤以开封为都城建立宋朝。宋朝是中国经济、文化、艺术、科技高度发展的时期。开封依托发达的运河水运，成为当时世界上最繁荣的城市之一。

月亮

金星

黄河

军旗

军营

烤肉

步兵

全副武装的士兵

炭火盆

头盔上有红色流苏装饰的士兵，地位更高。

为了取暖，士兵们围在火旁，一边唱歌一边烤肉。

赵匡胤的手下为他披上象征权力的黄袍。

将士们即将享用一顿丰盛的火锅，他们把肉和菜浸在沸腾的汤里。

兵器架

油灯

赵匡义
（赵匡胤的弟弟）

山水画屏风

赵匡胤

赵普
（赵匡胤的亲信）

侍卫

黄袍

星象师

地方军事
将领

凳子最初用来踩踏上马，宋代以后，成为一种常见的坐具。

星象师激动地指着天空，告诉众人：天象表明赵匡胤才是真正的皇帝。

兵器一般被放置在木制的兵器架上。

你能找到穿着红色战斗篷的士兵吗？

在香料店里，阿拉伯商人在与本地商人做生意。

一位年轻女子正在涂抹胭脂。

人间天堂
杭州，1185 年

大运河南端的杭州是中国著名的六大古都之一。这里商业繁荣，粮食和丝绸产业发达。南宋时，鹅鸭桥和众安桥周遭尤为繁华。运河上，船只首尾相接；岸边则商铺林立，车水马龙。杭州风景秀丽，意大利旅行家马可·波罗称这里为"世界上最美丽华贵之城"。

澡堂

灯笼店

饭馆

皮货店

酒行

香料店

萬邦香料

粮行

丝绸店

蜜煎

波斯枣

士兵

挑夫

运送丝绸的货船

鹅鸭桥

消防船

12

当地丝绸以其柔软的质地和美丽的光泽而闻名全国。

街市上总能听到关于帝王家的传闻。

众安桥连接着御街，是皇帝外出祭拜祖宗的必经之处。

诗人林升在旅店的墙壁上挥毫写下"山外青山楼外楼，西湖歌舞几时休"的诗句。

西湖

宋代人喜爱沐浴。沐浴有清洁和放松身心的功效。

你能找到在粽子摊上生火的男孩吗？

酒楼

御街

茶馆

乞丐

众安桥

洗衣服

药铺

龙舟

游船

杂剧表演

客船

街头艺人

粽子摊

13

游船沿大运河航行，上面挤满了来此游玩的游客。

每年端午节会举行龙舟比赛，以纪念屈原。几个人正在练习划龙舟。

这个男人准备离家去远方赴任，他的妻子与他道别，泪水夺眶而出。

唐朝女性的布制挎包配有包带，与现在的款式相似。

虎丘塔

枫桥月夜
苏州，760 年

苏州是世界上最古老的水城之一。这里水网密布，内河航运四通八达。安史之乱后，唐朝的经济中心逐渐向南方转移，使得苏州的地位突显。位于苏州城西的枫桥横跨大运河，此处舟车往来，海内外商旅云集，即便在夜晚，街市也异常繁华。

枫桥

酒馆

流离江南的诗人张继望月感怀，写出了传诵后世的《枫桥夜泊》。

你能找到背着孩子的父亲吗？

一名日本遣唐使抵达这里，他的任务是学习中国文化。

这位僧人背着一个经笈，里面装有经文和简单的行李，他的手里还拿着一个拂尘。

寒山寺僧人每年除夕夜敲钟108下，此习俗通过遣唐使流传到日本。

苏州是繁荣的纺织中心。织工用织布机织出漂亮的花布和绸缎。

寒山寺

江村桥

丝织作坊

茶艺馆

货船

客船

渡口

一位阿拉伯商人和一位当地商人谈了一笔生意。

你能找到一位高傲的官员吗？他被仆人小心翼翼地搀扶着。

一位生病的乘客被人从船上抬到病坊里。病坊是收治生病贫民的机构。

两位力士在船上较量。相扑运动起源于中国，后来在日本被发展成国技。

康熙皇帝非常重视治河。他体恤河工疾苦，嘱咐靳辅不能让贪官污吏克扣伙食。

中国古代有五行学说，人们铸造铁牛放置在河堤的险要地段，用以镇水。

高家堰

防汛物资

运河

华盖

淮河

康熙皇帝

雨冠

长杆伞

木刻地图

靳辅

木桩

御前侍卫

斗笠

蓑衣

华盖是皇帝出行用的伞盖，除了用于遮阳挡雨，还是皇权的象征。

蓝色边缘的红色雨冠是官员戴的，皇帝戴的雨冠是黄色的。

御前侍卫负责保护皇帝，他们都是满蒙勋贵子弟及武进士。

数数看，皇帝身边有几名御前侍卫？

康熙亲自挑选位置，命人钉桩，建陈家庄挑水坝（御坝）。钉桩处建有御桩亭。

埽是由秫秸、石块、树枝、芦苇等捆扎成的治河材料，用于堵住决口，保护堤岸。

御坝

御桩亭

运河危机
淮安，1689 年

淮安的清口是黄河、淮河、大运河的交汇处，也是大运河的重要枢纽。由于淤积的泥沙堵塞了河道，黄河经常泛滥成灾。这一年，泛滥的河水再次威胁着运河两岸的居民。康熙皇帝非常重视水利，他来到清口视察，规划、部署治河方略，命令工人建造防洪设施。运河危机得以解除。

黄河

下埽

石硪

刺客

17

靳辅是河道总督，负责治理黄河水患。

蓑衣是用稻草编织的一种雨衣，与斗笠配合可遮蔽雨雪。

船工在货船准备靠岸时将桅杆降了下来。

引水渠的水储存在蜀山湖水库里。水流由闸门控制。

连接汶河的引水渠

水闸

石驳岸

货船

镇水兽

官员

宋礼

卫兵

挑夫

莲蓬

泥瓦匠

传说这种镇水兽是龙的儿子，人们将其雕成石像放在河边，以防止水患。

你能找到一个婴儿吗？

一个小贩在卖莲蓬，莲蓬里的莲子可以食用，也可用作药材。

笔、墨、纸、砚总称"文房四宝"，是中国的传统书写与绘画用具。这个人正在挑选毛笔。

蜀山湖

水上屋脊
南旺，1420 年

南旺镇是大运河的水上屋脊，海拔高于上下游，河水时常断流，造成船只搁浅。为了解决运河供水的难题，明朝工部尚书宋礼与民间水利专家白英从地势更高的河流引水入大运河，成功解决了运河供水问题。1420年，人们在分水处建造龙王庙，纪念这项伟大的工程。

运河

烽楼

主殿

建筑工人

脚手架

龙王庙

配殿

一位官员在向宋礼介绍这座新庙宇。

你能找到坐在龙王庙屋顶休息的工人吗？

钞关是明朝政府设立的征税关卡。

明朝时，戏曲比以往任何时候都受欢迎，戏楼是艺人演出谋生的首选之地。

当时的船只体积并不大，闸室中可容纳约20艘船。

你能找到正在挑选蒲扇的母女吗？

砖窑

启秀楼

戏楼

钞关

运送木材的船只

饭铺

粥铺

观音阁

蒲扇

枕头

屠夫

20

斗草是民间流行的一种游戏。游戏双方手持叶柄，相互勾住拉拽，叶柄断的一方输。

船闸的开合依靠两侧的绞盘牵引完成。

清真寺

杂技表演

征税关卡

临清，1600 年

临清不但是大运河上水陆交通的枢纽，也是政令传输的要地，达官显贵往来频繁。明朝政府在这里设立钞关征收船税和货税。大运河此段有许多船闸，船只通过往往需要数天，不过旅客们可以在沿岸的旅馆和商铺打发闲暇时间。

卖旱烟袋

乞丐

茶棚

武装巡逻

渔夫用鸬鹚来帮助自己捕鱼。

鸬鹚

渔夫

用于修建皇宫的木材

下棋

绞盘

船闸

卖杏子的船

你能找到在河边饮酒聊天的友人吗？

当铺

当

临清贡砖

船工

独轮手推车

现代大都市
天津，2020 年

天津是一座因漕运而兴起的城市，也是连接大运河与海洋的重要交通枢纽。三岔河口位于北运河、南运河与海河的交汇处，天津最早的聚居区和商品集散地都发源于此。历经几个世纪，这座重要的港口城市发展成了现代大都市，人们在这座欣欣向荣的城市中安享生活。

摩天轮

住宅

酒店

永乐桥

博物馆

北运河

游船码头

巡逻艇

金钟桥

南运河

公交车站

美容院

共享单车

烤地瓜

天后宫

欧洲人于100多年前建的房子仍然可见。

金钢桥有两层，车辆在上面通行非常便利。

商务区

望海楼教堂

大学

望海楼教堂是一座哥特式建筑。它是天津最早的教堂。

金钢桥

海河

观光船

你能找到抱着孩子自拍的妈妈吗？

酒吧

游客

健身房

咖啡馆

乐手

23

智能手机不仅可以用于通话，还具有支付、拍照、导航、娱乐等多种功能。

上班族长时间伏案工作，他们下班后喜欢到健身房健身。

一位年轻的妇人坐马车来到码头，打听丈夫乘的船何时抵达。

从船上卸下的粮食被直接装上马车，运往都城的粮仓。

发光航标
通州，1450 年

随着政治中心的北移，各类物资被源源不断地沿大运河运到北方。燃灯塔是大运河北端的标志性建筑。船夫们远远地望见燃灯塔，便知已经抵达通州。码头上的人群熙熙攘攘。从粮食到木材，各种从南方运来的货物都在此卸载。这些物资将被分配给都城和驻扎在各地的军队。

扬帆的货船

粮仓

独轮手推车

牛车

横向竹竿将船帆绷紧，便于操控。

请找到正在往马车上装运货物的装卸工。

茶叶被装上独轮车，由车夫们推着送到下一个目的地。

一个挑担卖酒的商贩正在往河边赶。

从南方运来了一批木材，皇帝要用它们修建宫殿。

收帆是个体力活儿，靠一个船工可忙不过来。

燃灯塔

来自南方
的大米

三教庙

酒坛

仓库

皇帝派来的官员正在验收木材。

三教庙是三座相互紧邻又各自独立的庙宇，分别属于儒教、佛教和道教。

繁忙的码头

通州，1550 年

中国历史上的各王朝利用水路向都城输送征收来的粮食和其他财物，这就是漕运。明朝的漕运兴盛。通州位于大运河的北端，是由水路进京的必经之处，往来船只络绎不绝，船夫、装卸工、验粮官上下忙碌。这里的经济也随着大运河的发展而繁荣兴旺，旅人商贾多在此落脚休憩。

牌楼

饭馆

瓷器店

士兵

店小二有时会为客人送餐，用便于携带的食盒盛放酒菜。

你能找到在浮桥上玩耍的小孩吗？

由两头骡子一前一后驮着的轿子叫作驮轿。驮轿比人抬的轿子略大，适于长途旅行。

在明代，制瓷工艺全面发展，别致精美的青花瓷成为主流。

一艘小船即将靠岸，船上坐着来京参加会试的海瑞。他能考中吗？

税务官乘船巡视，派头十足。

粮仓

税务官的船

浮桥

船夫

装卸工

验粮官

一艘运粮船靠岸了，验粮官在验收粮食。

你能找到正在从河里提水的船夫吗？

为了方便通行，人们将多艘旧漕船绑在一起，铺上木板建成浮桥。

为了提高工作效率，船工们喊起了运河号子。

影壁是中国传统建筑中与大门相对，用作屏障的墙壁。

一位妇女用驴拉石磨，将谷粒磨碎。

稻田

富商的院落

影壁

温榆河

骆驼商队正要通过拥挤的八里桥。

石磨

利玛窦

信使

八里桥

来自暹罗的货物

货船

通惠河

挑夫

士兵

八里桥的两端各有一个茶棚，你能找到它们吗？

车夫

茶棚

28

八里桥是用花岗岩砌造而成的，桥上有33对望柱，每个望柱上都雕有石狮。

辛苦赶路的小贩在路边野餐。

利玛窦在向中国官员描述他为皇帝带来的大西洋琴和自鸣钟等礼物。

大光楼又叫验粮楼，是明清两朝官员验收漕粮的地方，也是南北货物的集散地。

交通要冲
通州，1600 年

随着航海时代的来临，西方传教士得以经海路来到中国，交流中西方文化。八里桥地处交通要冲，1600年，利玛窦就是从这里进入北京，觐见明朝万历皇帝的。1860年，清朝军队为了保卫北京，曾在八里桥上阻击英法联军。

北运河

大光楼

饭铺

一个老兵站在河边饮马，他在回忆发生在朝鲜半岛的战事。

倭寇密探正在向一个本地人打探消息。

醇王府　德胜门　箭楼　关岳庙

广化寺

什刹海

书坊

茶馆

运河落幕
北京，1910 年

大运河的终点是美丽的什刹海。这里距离皇宫很近，许多达官显贵的宅院坐落于此。清朝末年，漕运已失去往日的繁忙，漕船的货运功能逐渐被航行在海上的蒸汽轮船和行驶在铁轨上的蒸汽机车取代。银锭桥附近的商铺依旧热闹。一场变革正在悄无声息地酝酿之中，帝王的统治即将终结。

包子摊

四合院

作揖是一种传统的行礼方式，当时的人们还不习惯握手。

你能找到戴着眼镜的男人吗？

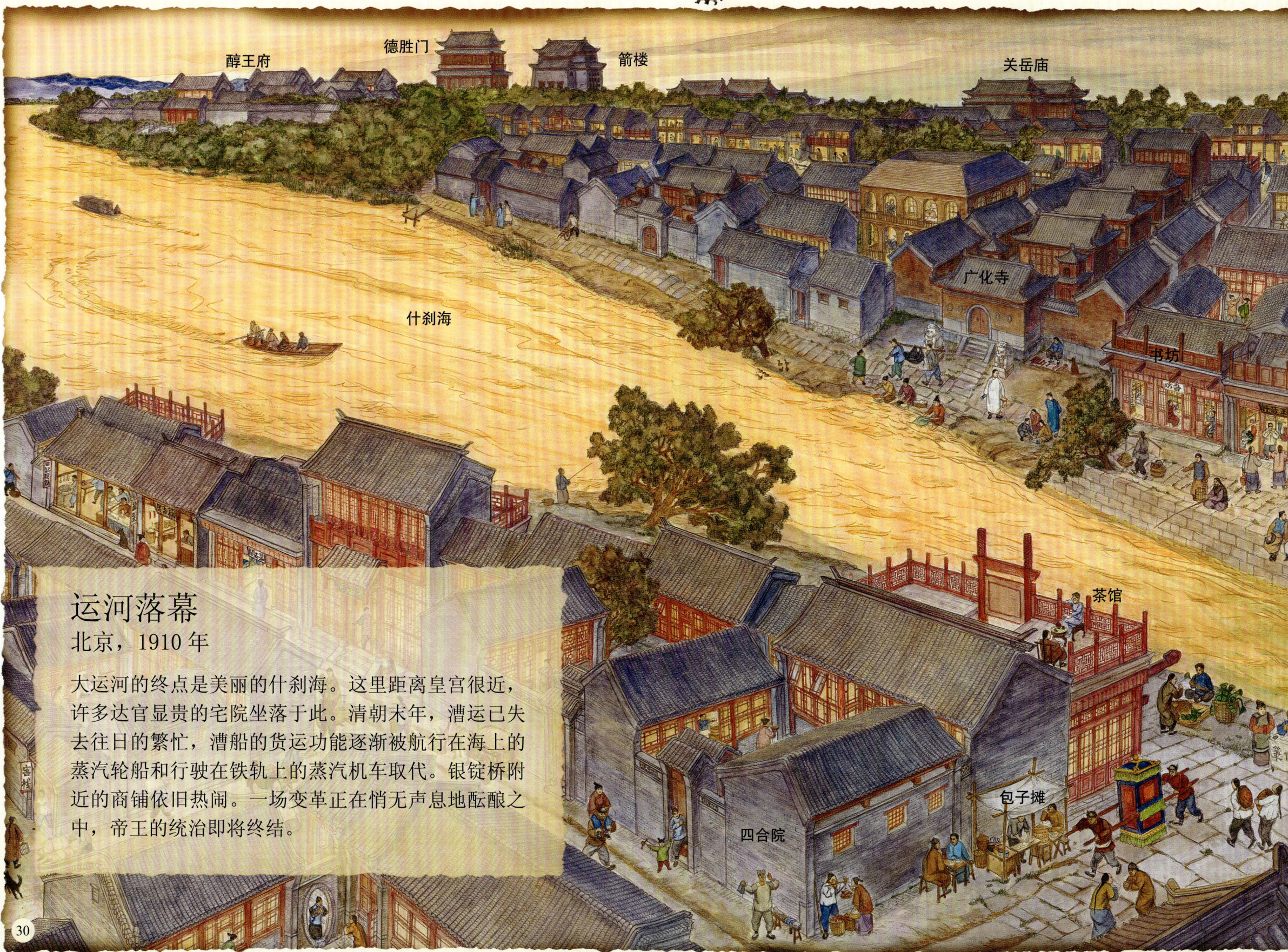

人力黄包车是当时常见的交通工具。

这对洋人夫妇正赶往桥对面的茶馆谈生意。

钟楼

鼓楼

烤鸭是北京的传统美食。

你能找到被人搀扶着的醉汉吗？

布店

药铺

酒楼

烤鸭店

饭馆

银锭桥

下象棋

街头斗殴

车夫

店小二

算命先生

小吃摊

自行车是一种新兴的代步工具，只有富裕人家才买得起。

钟楼和鼓楼是古代用于报时的建筑。

穿越时空小游戏

淘气的绣虎沿着大运河进行了一次非凡的冒险。你找到它了吗？一起来看看答案吧。

开凿运河
吴王的孩子们在和可爱的绣虎玩耍。

水上宫殿
其中一艘护卫船上有一位特殊的乘客。

物资争夺战
绣虎在仓窖门外徘徊，想要躲进去。

陈桥兵变
躲在凳子底下的绣虎发现了一条鱼。

人间天堂
绣虎生病了，富商的管家正抱着它去看兽医。

枫桥月夜
玩了一天的绣虎正在桥下打盹儿。

运河危机
绣虎躲在防汛用的草垛下避雨。

水上屋脊
有人要把绣虎和它的朋友们卖掉！它们能逃脱吗？

征税关卡
绣虎跳到一艘刚刚停稳的船上溜达。

现代大都市
绣虎在花坛里扑蝴蝶。

发光航标
绣虎在粮仓的屋顶上享用自己抓到的老鼠。

繁忙的码头
绣虎从船上跳到岸边。

交通要冲
绣虎在大光楼前和同伴玩耍。

运河落幕
饥饿的绣虎打算在小吃摊上找点吃的。

索引

B
北运河 22，29
博物馆 22

C
漕船 27，30
漕运 22，26，30
城墙 8，9
船帆 24
船闸 20，21

D、F、H
店小二 26，31

斗笠 17
浮桥 27
黄河 10，17
火锅 11

L
利玛窦 21，29
莲蓬 18
粮仓 8，9，24，27
瞭望台 5，8
琉璃瓦 19
龙舟 13

M、P、Q
码头 22，24，26
牌楼 19，26
遣唐使 14

S
石磨 28
石硪 5，17
手机 23
水库 18
丝绸 12
蓑衣 17

T、Y
太极拳 22
驮轿 26
影壁 28

Z
战车 8
镇水兽 18
织布机 15
诸侯国 5
装卸工 26，27

词汇表

渡口 河流上有船或筏子摆渡的地方。

烽火台 古代用于点燃烟火、传递消息的高台。

箭楼 古代城墙上的一种城楼，外壁上开有瞭望口和箭窗。

遣唐使 唐代时日本派赴中国学习的使节。

纤夫 挽着纤绳拉动船只的人。

石硪 砸实地基或打桩用的工具。

望柱 古代建筑和桥梁上栏板之间的短柱。

倭寇 古代侵扰中国、朝鲜沿海地区的日本海盗。

巫师 从事巫术活动的人。

胭脂 古代的一种化妆品，用于面颊和唇部。

云梯 古代用于攀越城墙的战争器械，现代用于登高的消防抢险工具。

运河号子 船工为便于协作，提高劳动效率而唱的一种传统民歌。

闸室 船闸中间供船只停泊的厢形室。

诸侯国 秦朝以前的帝王分封的各国。

插画师

杜飞，出生于中国北京。国家一级美术师，中央美术学院壁画系教授。擅长用写实的造型手法，叙事性的情景构成方式，创作绘制中国历史题材的作品。他的壁画、雕塑、油画等多种形式的作品陈放于中国的博物馆、音乐厅、体育馆、公园、地铁等公共场所。主要作品有《乃服》《泱泱华夏》《北大荒人颂》《老河街》。

顾问

托马斯·汉是研究中国历史地理学的专家，也是《运河的发展》一书的作者。他目前在加州大学伯克利分校任教。